AF391031

23 Décembre 1882.

CATALOGUE

D'UN BEAU

MOBILIER ARTISTIQUE

MEUBLES ANCIENS ET DE STYLE

PORCELAINES

DE CHINE, DE SÈVRES ET DU JAPON

BIJOUX — ARGENTERIE — OBJETS DE VITRINE

MARBRES

GROUPES — STATUES — BUSTES

BRONZES D'AMEUBLEMENT

SIX MAGNIFIQUES TAPISSERIES

de BRUXELLES de ÉVRARD LEYNIERS

REPRÉSENTANT

Les Chasses de Maximilien le Taciturne

TAPISSERIES DES FLANDRES

Objets divers

DONT LA VENTE AURA LIEU

POUR CAUSE DE DÉPART

HOTEL DROUOT, SALLE N° 8

Le Samedi, 23 Décembre 1882, à 2 heures

COMMISSAIRE-PRISEUR	EXPERT
Mᵉ E. BERTHELIN	M. A. BLOCHE.
29, rue Le Peletier	44, rue Laffitte.

EXPOSITION PUBLIQUE

Vendredi 22 décembre, de 1 heure 1/2 à 5 heures 1/2

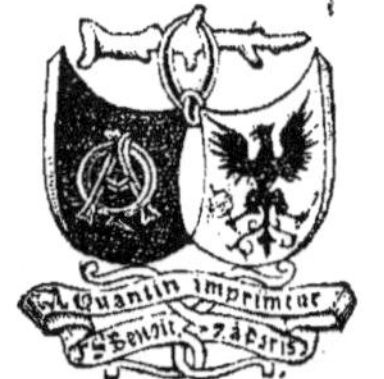

A. Quantin imprimeur

CONDITIONS DE LA VENTE

Elle sera faite au comptant.

Les acquéreurs payeront 5 pour 100 en sus des adjudications, applicables aux frais.

———

L'Exposition mettant les acquéreurs à même de se rendre compte de l'état et de la nature des objets, il ne sera admis aucune réclamation, une fois l'adjudication prononcée.

DÉSIGNATION

TAPISSERIES

1. — Magnifique série de six Tapisseries de Bruxelles représentant *les Chasses de Maximilien le Taciturne.*
Compositions de nombreuses figures : cavaliers,
grandes dames, gentilshommes, veneurs, valets,
piqueurs, chiens et cerfs.

Avec superbes Bordures à fleurs élégamment
enguirlandées.

> Elles sont au monogramme E. L., de *Évrard Leyniers,*
> célèbre directeur d'atelier, en 1625. Tissées en soie et
> laine ronde d'Espagne, d'une finesse égale, à trente-
> deux portées, soit 384 fils pour 12 lisses.
> Conservation remarquable.

La première représente *le Départ.*

H., 3^m,20. L. 3^m,00.

La seconde : *le Lancer.*

H., 3^m,20. L., 4^m,00.

La troisième : *la Poursuite.*

H., 3^m,20. L., 4^m,00.

La quatrième : *le Cerf à l'eau.*

H., 3^m,20. L., 2^m,90.

La cinquième : *la Mort du Cerf*.

H., 3^m,20. L., 4^m,00.

La sixième : *le Retour*.

H., 3 ,20. L., 3 ,00.

Ces différentes scènes se passent dans le parc et dans les bois de Laecken ; en perspective, on voit la chapelle gothique et le château royal.

2. — Tapisserie de Flandre représentant *Vulcain forgeant les armes d'Achille*. Bordure simulant un encadrement XVIIe siècle.

3. — Série de cinq belles Tapisseries représentant des scènes historiques avec bordures.

———

OBJETS D'AMEUBLEMENT

4. — Très belle Garniture de cheminée en bronze ciselé et doré, style Louis XVI.

La Pendule, forme vase, dans lequel se trouve le mouvement, est composée de figures allégoriques de la Science.

Les Candelabres représentent des groupes de nymphes portant des bouquets à huit lumières.

5. — Belle Statue en marbre blanc, l'Enfance de Moïse, par *Rossi*.

6. — Beau Lit en acajou, orné de cuivre poli, style
Louis XVI.

7. — Armoire à glace en acajou et cuivre poli, style
Louis XVI.

8. — Statuette en marbre blanc, *le Petit Noël,* par *Mau-
bach.*

9. — Bel Ameublement de salon, en bois sculpté et doré,
couvert en damas de soie rouge capitonné, style
Louis XIV, composé d'un grand Canapé à encoi-
gnures, un autre Canapé, cinq Fauteuils et quatre
Chaises.

10. — Console en bois sculpté et doré, époque Louis XV,
dessus en marbre blanc.

11. — Console en bois sculpté et doré, style Louis XV, dessus en marbre blanc.

12. — Belle Garniture de cheminée en bronze ciselé et doré,
style Louis XVI.

13. — Deux Flambeaux en bronze doré, style Empire.

14. — Deux beaux Chenets en bronze doré, style Louis XVI.

15. — Girandole en bronze doré, ornée de cristaux, style Louis XVI.

16. — Ameublement de salon en tapisserie Louis XVI.

17. — Six Appliques en bronze ornées de cristaux.

18. — Groupe en marbre blanc : Enfant couché.

19. — Statuette en marbre blanc : Baigneuse.

20. — Deux Bustes en marbre blanc.

21. — Commode en acajou ornée de bronzes, époque Empire.

22. — Console en acajou ornée de bronzes, époque Empire.

23. — Secrétaire en acajou orné de bronzes, époque Empire.

24. — Table à jeu de l'Empire.

25. — Pendule en bronze doré représentant un char, époque Empire.

26. — Deux Flambeaux en bronze doré.

26 *bis*. — Cheminée en bois sculpté.

27. — Meuble à deux corps en bois sculpté, décoré de sujets
mythologiques en bas-relief et orné de colonnettes
cannelées, style du xvie siècle.

28. — Meuble à deux corps en bois sculpté, offrant sur les
battants des sujets allégoriques, avec fronton style
xviie siècle.

29. — Bel Ameublement de chambre à coucher en noyer
massif, orné de sculptures, style Louis XV. Il se
compose d'un lit de milieu, une armoire à glace
une commode-toilette avec glace et une table de
nuit.

30. — Deux grandes Potiches avec couvercles en vieux chine,
décor bleu sur blanc.

31. — Deux Potiches en porcelaine de Chine, montées en
candélabres.

32. — Deux Groupes équestres, sujets de chasse en bronze,
patine verte de *Moris*.

33. — Garniture de cheminée en bronze poli, style oriental.

34. — Deux grands Vases en bronze du Japon à gorge den-
telée, offrant sur la panse des oiseaux en relief.

35. — Paire de grands Vases en bronze du Japon, ornés
d'anses à branchages et élevés sur socles à fleurs
de nélumbo.

36. — Deux grandes Jardinières en bronze du Japon, avec
anses à têtes chimériques.

37. — Paire de grands Vases avec couvercles à jour, couronnés par des oiseaux, forman tbrûle-parfums.

38. — Deux Vases à panses gravées.

39. — Paire de Vases avec oiseaux en relief.

40. — Deux Vases avec anses à branchages et oiseaux en
relief sur la panse.

41. — Deux Cornets cylindriques en bois laqué, ornés d'appliques en bronze ciselé et incrusté du Japon.

42. — Deux Jardinières en porcelaine cloisonnée, fond bleu
turquoise du Japon.

43. — Deux Vases de Satzuma décorés de personnages.

44. — Deux Jardinières en porcelaine cloisonnée.

45. — Paire de Cornets en émail cloisonné à fleurs sur fond turquoise.

46. — Paire de bouteilles, décor analogue.

47. — Paire de bouteilles, décor insectes et fleurs en émail cloisonné du Japon.

48. — Paire de grandes Vasques en porcelaine de Chine, décor bleu sur blanc.

49. — Paire de Jardinières en porcelaine de Chine, rouge haricot, monture bronze doré.

50. — Paire de petites Potiches à couvercle en émail cloisonnée de la Chine.

51. — Perdrix brûle-parfums en émail cloisonné de la Chine.

52. — Petite Boîte en laque, avec panneau sur le couvercle, en émail cloisonné du Japon.

53. — Paire de petites Jardinières, émail cloisonné du Japon, monture bronze.

54. — Deux Coffrets en laque riche du Japon.

55. — Très beau Groupe en ivoire du Japon.

56. — Divinité du Japon.

57. — Buste de Henri IV en bronze, socle marbre blanc.

58. — Épée Louis XIII, poignée en fer.

59. — Sabre oriental, monture argent.

60. — Deux Groupes en biscuit.

61. — Sept Morceaux de tapisserie au point.

62. — Deux Statuettes en bois sculpté : *la Nuit* et *Mercure*.

63. — Coupe de 23 m., 60, vieux filet.

64. — Armes orientales et indiennes.

ARGENTERIE — BIJOUX
Objets de Curiosité

65. — Trente Cuillers et trente Fourchettes en argent.

66. — Trente Couteaux à manches d'argent.

67. — Douze Couteaux, lames et manches en argent.

68. — Deux Bouts de tables en argent de l'Empire.

69. — Deux Moutardiers en argent de l'Empire.

70. — Jolie petite Montre en or émaillé, forme mandoline.

71. — Bague forme corbeille, enrichie de rubis, perles et saphirs.

72. — Bague avec petite miniature entourée de rubis et d'émeraudes.

73. — Croix en roses, monture en argent.

74. — Deux Salières en argent Louis XV.

75. — Boîte en cristal de roche, monture en vermeil.

76. — Boîte de Menecy, monture argent.

77. — Boîte en pâte tendre décorée d'amours peints en grisaille.

78. — Bonbonnière ronde en porcelaine de Saxe.

79. — Petit Étui de saxe, fond jaune, médaillon à scène maritime.

80. — Bas-relief sur ivoire, portrait d'un magistrat sous Louis XV.

81. — Flacon en wedgwood monté en argent.

82. — Petit Plat en argent repoussé.

83. — Miniature, portrait de femme à grand chapeau, avec fleurs au corsage.

84. — Deux Cassolettes formant flambeaux, en bronze ciselé et doré.

85. — Miniature, portrait de *Bernadotte,* cadran bronze gravé et ciselé.

86. — Montre en or gravé.

87. — Deux Lorgnettes, ivoire et bois.

88. — Deux Pendentifs représentant des lions couronnés en or, suspendus après des chaînettes, époque Louis XIII.

89. — Chaîne de gousset à maillons en or, avec cachet forme de serpent orné d'une cornaline.

90. — Petit Chapelet en or avec croix émaillée, époque Louis XIII.

91. — Broche et Croix ornés de pierres de table et de roses, monture or et argent, époque Louis XIII.

92. — Petite Montre en or émaillé bleu, entourage perles, époque premier Empire.

93. — Montre en or émaillé, forme de coquille.

94. — Montre en or émaillé rouge, entourage de perles fines, époque Empire.

95. — Montre en or, époque Louis XVI, le fond orné d'or de couleur et d'émail représentant l'intérieur d'un temple.

96. — Montre en or émaillé avec sujet, travail de Genève, le cadran entouré de petites perles, époque Empire.

97. — Montre en or et or de couleur, époque Louis XVI.

98. — Garniture de six boutons de gilet, un bouton de che-

misc et une paire de manchettes double en corail, montés en or.

99. — Broche en corail sculpté, représentant une tête d'ange, monture en bas or.

100. — Broche-Pendentif en corail sculpté, suspendue à une chaînette en corail et montée en or.

101. — Bague en or du xvie siècle, ornée d'un rubis monté dans un chaton émaillé; le côté représente des cariatides.

102. — Bague en or émaillé.

103. — Deux Broches, l'une en lapis, l'autre en jaspe, monture en or, entourage chaînettes.

104. — Cachet en cristal de roche fumé; un enfant assis sur un ours.

105. — Deux petits Vases en cuivre émaillé, travail chinois.

106. — Statuette en bronze ancien.

107. — Deux petites Plaquettes en cristal de roche gravé, représentant des sujets de sainteté.

108. — Bas-Relief en cire représentant un portrait de femme
xve siècle, dans un cadre en cuivre émaillé sous
verre.

109. — Tasse en agate avec sa soucoupe et vestiges d'or.

110. — Tabatière en prisme d'améthyste, monture en vermeil.

111. — Bas-Relief carré en bois sculpté, travail russe, cadre
en argent du xve siècle.

112. — Deux Bas-Reliefs en buis sculpté, travail à jour, travail russe du xve siècle.

113. — Bas-Relief carré en bois sculpté à compartiments,
travail russe, xve siècle.

114. — Tabatière ovale en or émaillé, travail de Genève, ornée de marines.

115. — Tabatière en or émaillé vert ornée de bordures vert
d'eau et le dessus d'une marine, forme carrée à
pans coupés, travail de Genève.

116. — Tabatière en or émaillé, le dessous et le pourtour
ornementés, le dessus orné d'un sujet de marine,
travail de Genève.

117. — Tabatière en or émaillé bleu, forme rectangulaire et
plate, le dessus orné d'un paysage, travail de
Genève.

118. — Tabatière rectangulaire en or, le dessous et le pourtour guillochés et ornés d'or de couleur, le dessus
enrichi d'un médaillon en émail de Genève représentant un paysage et l'intérieur orné d'un médaillon en verre pour mettre un portrait.

119. — Bonbonnière ovale en écaille incrustation d'argent
dessin d'après Bérain, monture en cuivre doré.

120. — Drageoir en écaille, le dessus incrusté d'argent et de
nacre, monture en argent et à charnières.

121. — Coffret en fer, damasquiné d'or, travail persan.

122. — Objets non catalogués.

Paris. — Typ. A. Quantin 7, rue Saint-Benoit. [2379]

www.ingramcontent.com/pod-product-compliance
Lightning Source LLC
LaVergne TN
LVHW020852200726
843508LV00003B/1175